R. N. Fortes Carvalho Neta

O GUARÁ VERMELHO E A PAZ

Texto e ilustrações: R. N. Fortes Carvalho Neta

Revisão: Prof. Jáder Cavalcante

Dados Internacionais de Catalogação na Publicação (CIP)
(Câmara Brasileira do Livro, SP, Brasil)

Carvalho Neta, R. N. Fortes
   O guará vermelho e a paz [livro eletrônico] /
[texto e ilustrações] R. N. Fortes Carvalho Neta. --
São Luís, MA : Ed. da Autora, 2020.
   ePub

   ISBN 978-65-00-05452-1

   1. Guará (Ave) - Literatura infantojuvenil
2. Guará (Ave) - Obras ilustradas - Literatura
infantojuvenil 3. Literatura infantojuvenil
I. Título.

20-39011   CDD-028.5

Índices para catálogo sistemático:

1. Aves : Guará : Literatura infantil   028.5
2. Aves : Guará : Literatura infantojuvenil   028.5

Cibele Maria Dias - Bibliotecária - CRB-8/9427

O Guará Vermelho e a Paz

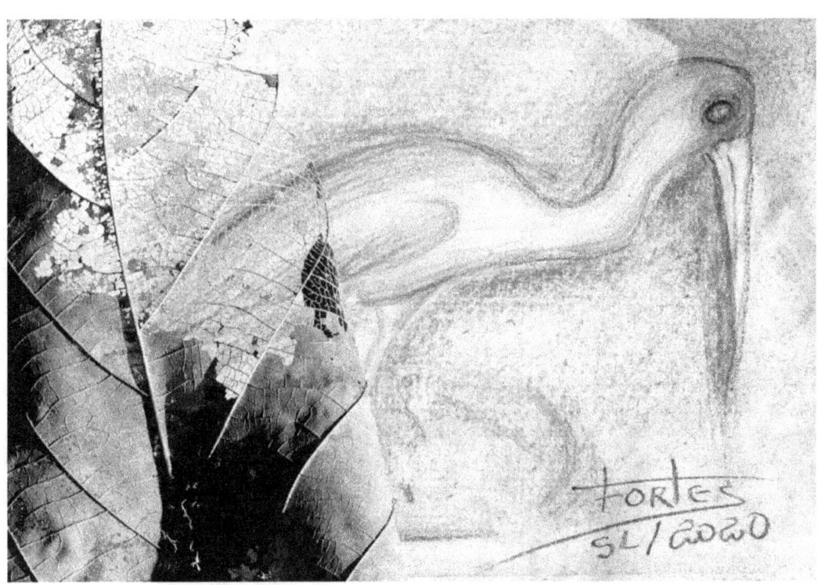

Numa floresta verdinha e ensolarada, cochilava a rainha das aves do manguezal. Alba, a **garça-branca-grande**[1], possuía penas mais alvas que algodão no campo! Até que gritos interromperam seu sono:

— SUJO! SUJO! SUJO!

Alba acordou, abrindo um olho redondo e de íris amarelada.

— Ruber! — ela suspirou. — O que você quer? Ainda é hora do meu descanso!

Ruber era um **guará**[2], vizinho de Alba. Os guarás são belas aves cobertas de penas vermelhas que vivem nos manguezais.

— Estou aqui para me queixar!

Alba abriu as suas grandes asas e sacudiu-as três vezes, para espantar a preguiça. "Que motivo Ruber teria para reclamar?", pensou.

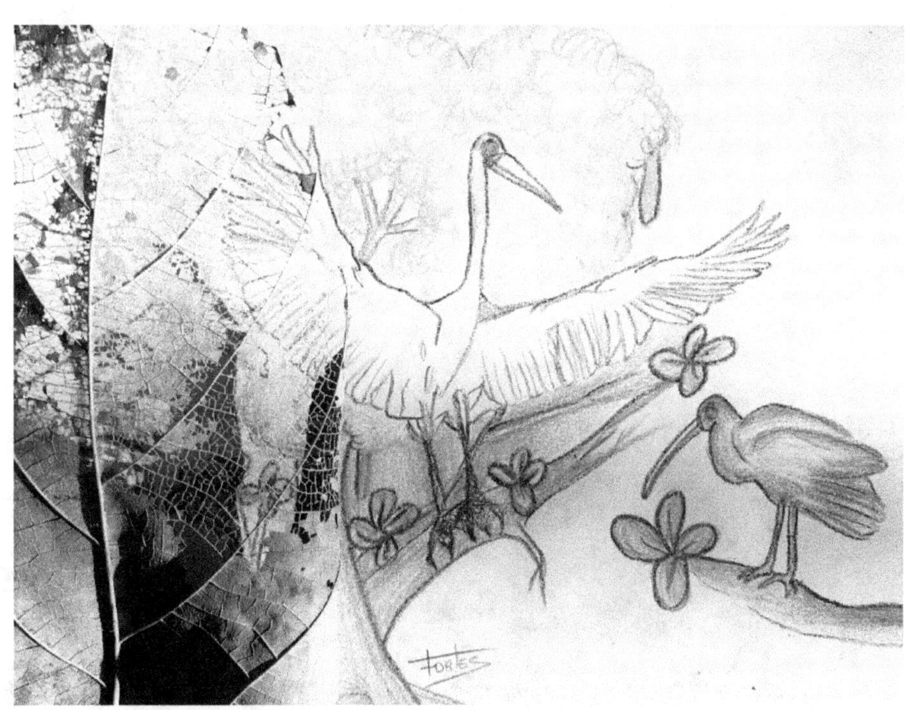

O guará passava a maior parte do tempo comendo **caranguejos**[3] e descansando nas copas das árvores do manguezal. Naquele dia, Ruber aproximou-se da garça Alba para fazer uma reclamação.

— Quero reclamar sobre o fedor do manguezal. A lama está muito fedorenta. E a culpa é das bactérias que vivem na lama!, queixou-se.

Alba ouviu tudo com atenção e depois foi conversar com os minúsculos seres da lama, as bactérias. Eram tão minúsculas que Alba não podia ver.

A rainha das aves do manguezal olhou firme e percebeu algo que parecia estar fervendo na lama.

— Bactérias! — exclamou a garça branca — Ruber, o guará, disse que vocês estão fazendo algo muito estranho e deixando a lama do manguezal fedorenta. É verdade?

— Olha só! É Alba, a garça-branca-grande! A rainha do manguezal veio nos visitar! — falaram em coro as **bactérias**[4], multiplicando-se em um minuto.

Alba ajeitou suas penas branquinhas com seu enorme bico amarelo.

— Bactérias, nada de gracinhas! Só quero saber o que vocês estão fazendo na lama que está deixando Ruber irritado.

— É verdade que estamos fazendo um trabalho na lama — responderam as bactérias —, mas não queremos deixar ninguém irritado. Só estamos transformando em nutrientes todos os restos das folhas das plantas e de outros seres sem vida. E, neste momento, a planta que mais joga folhas no chão é o mangue-vermelho.

— Sério?, estranhou a garça branca. — Então vou falar com o **mangue-vermelho**[5].

Disse isso e imediatamente bateu as grandes asas e voou por cima do manguezal. Lá de cima, conseguia ter uma visão panorâmica e, na borda do canal de água salobra, Alba encontrou uma alta árvore conhecida localmente como mangue-vermelho. Ela tinha raízes escoras que formavam um verdadeiro candelabro.

Sua copa era imensa e cheia de folhas em vários tons de verde e amarelo. Pendendo dos galhos, haviam estruturas reprodutivas que germinaram e estavam aptas a crescerem. Muitas folhas amareladas estavam caídas e enfeitando o chão de lama.

A grande garça-branca pousou no chão, ao lado da árvore e dirigiu-se para a árvore.

— Mangue-vermelho!, falou um pouco incomodada, ciscando algumas folhas para o lado. — Mangue-vermelho, por favor, explique esse monte de folhas jogadas no chão!

— Como assim?, perguntou a grande árvore, deixando cair mais algumas folhas bem amarelinhas e alaranjadas.

— As Bactérias disseram que você é a árvore que mais joga folhas no chão. É verdade?, indagou novamente a grande ave branca.

— É claro!, respondeu o mangue-vermelho, cheio de superioridade. — Estou fazendo um trabalho muito valioso. Sei que minha tarefa não é bem compreendida por muitos — e deixou cair mais algumas folhas que foram puxadas direto para um buraco na lama — Essas folhas servem de alimento para o **caranguejo maracoani**[6]. Ele esconde cada uma delas dentro das tocas, e nem sempre aproveita tudo!

— Agora estou entendendo! — disse a garça-branca — Essa história das folhas parece ser muito útil para o manguezal. Obrigada — e inclinou o grande bico amarelo, muito pensativa! — Vou ter uma conversa com o caranguejo maracoani.

Não foi difícil encontrar o maracoani no manguezal. Na maré baixa, uma de suas patas da frente se destacava. As patas eram vermelhas e mexiam-se em um movimento de vai e vem, como quem chama a maré... Aliás, o caranguejo maracoani também é chamado de **chama-maré**[7]!

— Caranguejo maracoani! — exclamou Alba — O Mangue-vermelho me contou que você está levando as folhas caídas para a sua toca, e nem sempre você aproveita tudo. É verdade?

O caranguejo olhou fixamente para Alba, impressionado com sua plumagem tão branca. Ele sempre a via voando elegantemente e era a primeira vez que estava tão perto dela. Como não queria seu indelicado com aquela visita tão ilustre, tratou logo de responder à sua pergunta.

— É verdade! — confirmou o caranguejo, acenando com sua pata avermelhada, que mais parecia um escudo de proteção — Preciso esconder as folhas caídas do mangue-vermelho lá dentro da toca porque a maré, quando enche, lava tudo! Eu uso uma parte das folhas, e os restos são transformados em nutrientes pelas bactérias.

— Agora tudo ficou claro! Obrigada pela explicação, caranguejo Maracoani — agradeceu a garça-branca, despedindo-se.

Alba estava começando a perder a paciência, mas estava conseguindo montar aquele quebra-cabeça. Faltava conversar com mais uma personagem daquela história. Abriu as belas asas e suspirou:

— Vou ouvir a versão dessa história contada pela maré.

Alba voou para a copa da árvore mais alta daquelas redondezas, de onde era possível ver a praia branquinha de um lado e o curso de água pardacenta que se aproximava da lama do manguezal. Ficou em silêncio, pousada no galho mais alto da árvore.

Uma brisa fresca de mar estava chegando. A garça-branca sentiu o vento passear entre suas penas da cor e da textura de algodão.

Lá do alto, observou que tudo estava muito verde e cheio de vida: mangue-de-botão, mangue-preto, mangue-branco, mangue-vermelho, caranguejos, moluscos, peixes, répteis, mamíferos e muitas aves que se confundiam com o acinzentado da lama do lugar!

— Tudo está no lugar certo — falou baixinho para si mesma.

Alba respirou de um modo diferente, porque as aves usam um processo complicado de respiração! Virou o pescoço longo e aguçou os ouvidos. Ouviu o barulhinho da maré chegando. Observou melhor a lama e o **candelabro de raízes e caules modificados**[8] de mangue-vermelho. Ela mal conseguia sentir o cheiro da lama que tanto incomodava Ruber.

— Ora, não será preciso perguntar por que a maré, quando enche, lava tudo — observou, em voz alta, a garça-branca, mostrando ares de quem acabara de expandir a consciência!

Alba aproveitou para ouvir, um pouco mais, todos os sons da maré chegando ao manguezal. Escutou o estalido dos moluscos, o barulho das folhas das várias espécies de mangue e ainda se demorou mais um pouquinho. Viu a água do mar viajando rapidamente para se encontrar com a água doce, criando as condições para a vida de todos aqueles seres especiais daquele ambiente único no planeta.

Abrindo suas asas para aproveitar as correntes de ar, Alba alçou voo de volta, atravessando o canal de **água salobra**[9], que agora cobria todas as tocas dos animais do manguezal.

O Sol já estava se pondo, deixando o céu cheio de cores quentes e arroxeadas, quando ela encontrou Ruber novamente. Ele estava descansando no galho de uma árvore, olhando para a água, como se estivesse procurando algum caranguejo. Um último lanchinho naquele horário de fim de tarde seria bem-vindo, pois já estava quase na hora de voltar para casa. Tão atento que estava, assustou-se quando Alba chegou voando por cima e pousou num galho do lado. Ansioso, foi logo perguntando:

— Conseguiu resolver o caso, Alba? Conversou com as bactérias? A lama continua fedida.

Como Alba havia desvendado o motivo daquele cheiro forte do manguezal, preparou-se para dar uma aula para Ruber.

— Preste bastante atenção, que vou lhe explicar direitinho!

Nessa hora, Alba cruzou as patas com seus dedos negros e foi falando lentamente, como se fosse uma professora dando explicações para seus estudantes.

— As Bactérias transformam as folhas que caem do Mangue-vermelho em nutrientes que servem para o crescimento de novas plantas. O Mangue-vermelho deixa suas folhas caírem e serem levadas pelo caranguejo Maracoani, que esconde as folhas dentro da toca porque, quando a maré chega, lava tudo!

— Estou entendendo — disse o guará.

— Ruber, o que você come? — perguntou Alba.

— Você sabe que só como caranguejo maracoani!, respondeu a queixosa ave vermelha.

— Então, isso significa que... — ponderou a garça-branca.

— Isso significa que... — repetiu Ruber, gaguejando.

Sem deixar Ruber terminar a frase, percebeu que ele estava raciocinando como ela queria e continuou:

— Isso mesmo! — afirmou a garça. — Se a maré parar de lavar...

— Sei... — confirmou Ruber meio sem graça.

— E se o caranguejo maracoani parar de esconder as folhas? — perguntou Alba.

— Hum! — resmungou o guará.

— E se o mangue-vermelho parar de deixar as folhas caírem? — indagou, filosoficamente, a garça.

— Bem... — respondeu Ruber, de forma monossilábica.

— Bem! — repetiu a garça — As Bactérias poderiam parar de...

Agora foi Ruber quem interrompeu Alba, porque deduziu o que ela ia dizer.

— Mas, nesse caso, eu não teria caranguejo para comer — comentou, envergonhado, o guará.

— Muito bem! Você chegou a uma importante conclusão, filosofou a garça-branca. — Ruber, tudo no manguezal está interligado e tem sua utilidade. Vá e viva em paz com o cheiro da lama.

Ruber abriu as grandes asas vermelhas e voou até o solo. Pensativo, teve uma sensação de que a paz que ele buscava deveria começar nele mesmo. A cor de suas penas estava mais vermelha do nunca e era resultado de sua dieta à base de caranguejo maracoani, que também era avermelhado porque comia as folhas do mangue-vermelho.

Na pontinha dos pés, Ruber sentiu-se afundar na lama e respirou o cheirinho de enxofre produzido pelas bactérias, que continuavam realizando seu trabalho a todo vapor! Depois daquele dia, voava e caminhava tranquilo por cima da lama, e já não se importava com o cheiro que antes parecia tão desagradável.

E Alba, a garça, que tinha **enormes penas na cabeça**[10], muito branquinhas, voltou a descansar. Quanta paz!

FIM

GLOSSÁRIO

1 **Garça-branca-grande** (nome científico - *Ardea alba*) é uma ave de penas brancas, bico longo e amarelado, pernas e dedos pretos. Vive em áreas próximas a rios, lagos, praias e manguezais. Nos manguezais existem outras espécies de aves conhecidas popularmente como garças (como a garça-pequena), mas a "garça-branca-grande" é a mais vistosa dessas aves, medindo até 104 centímetros de comprimento.

2 **Guará** (nome científico – *Eudocimus ruber*) é uma ave de penas vermelhas, com bico fino, longo e levemente curvado para baixo. É considerada uma das aves brasileiras mais bonitas, por causa da cor de sua plumagem vermelha (quando adultos). É a ave símbolo dos manguezais brasileiros. A plumagem dos guarás é de um colorido vermelho muito forte, por causa de sua alimentação à base de caranguejos chama-marés (também avermelhados).

3 **Caranguejos** de manguezais são várias espécies de crustáceos com carapaça (formada de carbonato de cálcio) que é trocada de tempos em tempos. Cada indivíduo apresenta 10 patas articuladas (e muito nutritivas) adaptadas para a locomoção na lama do manguezal. Eles servem de alimento para muitas espécies de animais, tais

como peixes, aves e mamíferos. Muitos desses caranguejos se alimentam de restos de folhas em decomposição.

4 **Bactérias** são minúsculos seres (microscópicos) de uma única célula (unicelulares) que se multiplicam rapidamente. Esses microrganismos são importantes para os solos dos manguezais porque realizam a ciclagem de nutrientes, decomposição (degradação e transformação de compostos naturais) e vários outros processos biogeoquímicos. No processo de decomposição da matéria orgânica presente no manguezal, as bactérias liberam um gás à base de enxofre (sulfídrico), que confere um odor característico à lama.

5 **Mangue-vermelho** (nome científico, *Rhizophora mangle*) é uma espécie vegetal típica de manguezal, capaz de se desenvolver em solo bastante lodoso, instável e rico em matéria orgânica em decomposição. O nome da árvore é devido à coloração avermelhada da sua casca (betacarotenos) quando é raspada. Os betacarotenos são passados nas cadeias alimentares (por exemplo, os caranguejos que se alimentam das folhas podem ficar avermelhados). As estruturas reprodutivas da planta são chamadas propágulos e amadurecem presas à planta-mãe.

6 **Caranguejo maracoani** (nome científico, *Uca maracoani*) é uma espécie de caranguejo chama-maré (também chamado caranguejo-violinista) que habita zonas costeiras, bastante comum em manguezais, marismas e estuários. Serve de alimento para muitas aves, especialmente para guarás. Possui uma grande quantidade de betacaroteno, sendo responsável pelo tingimento das penas vermelhas da ave adulta (via cadeia alimentar).

7 **Chama-maré** é o nome popular de caranguejo que apresenta dimorfismo sexual, no qual os machos apresentam uma das quelas mais desenvolvida, mas as fêmeas apresentam os dois quelípodos (primeiro par de patas) de mesmo tamanho. Quando a maré está baixa, os machos ficam próximos às suas tocas e movimentam suas quelas maiores. Esses movimentos são entendidos, popularmente, como um chamamento da maré. Na verdade, os machos estão acenando para fêmeas e/ou demarcando território.

8 O **candelabro de raízes e caules modificados** do mangue-vermelho é formado pela presença de rizóforos que auxiliam na sustentação da planta no sedimento lodoso. Os rizóforos possuem "lenticelas" que têm a função de permitir a troca gasosa (gás carbônico e

oxigênio), mesmo quando o solo está encharcado.

9 **Água salobra,** que é observada nos manguezais, é resultante da mistura de água doce (dos rios ou da chuva) e água salgada (de origem marinha). Essa mistura pode ocorrer dentro de um rio, estuário ou laguna, dependendo da capacidade de penetração das marés nesses sistemas. Essa água salobra apresenta mais sais dissolvidos (cloretos) que a água doce e menos que a água do mar.

10 As enormes penas diferenciadas das garças-brancas são chamadas "egretes" e surgem no período reprodutivo. Tais penas despertaram a cobiça de comerciantes que as vendem como adornos (para chapéus, por exemplo). Milhares de garças-brancas, em período reprodutivo, já foram mortas para a retirada das egretes em vários locais do mundo.

BIBLIOGRAFIA CONSULTADA

DA SILVA, L. D. M. C.; MACHADO, I. C.; DOS SANTOS TUTUI, S. L.; TOMÁS, A. R. G. Local ecological knowledge (LEK) concerning snook fishers on estuarine waters: Insights into scientific knowledge and fisheries management. **Ocean & Coastal Management**, v. 186, 105088., 2020.

DEYOE, H.; LONARD, R. I.; JUDD, F. W.; STALTER, R.; FELLER, I. Biological Flora of the Tropical and Subtropical Intertidal Zone: Literature Review for *Rhizophora mangle* L. **Journal of Coastal Research**, v. 36, p. 1-20, 2020.

DUKE, N. C. et al. A world without mangroves? **Science**, v. 317, p. 41-42, 2007.

LIMA, T. M. J.; TOGNELLA, M. M. P. Estrutura e função dos manguezais: revisão conceitual. **Biosfera**, v. 8, n. 15, p. 1.801-1.827, 2012.

MASUNARI, S.; MARTINS, S. B.; ANACLETO, A. F. M. An illustrated key to the fiddler crabs (Crustacea, Decapoda, Ocypodidae) from the Atlantic coast of Brazil. **ZooKeys**, v. 943, p. 1-20, 2020.

MENEZES, N. L. Rizóforos em *Rhizophora mangle* L: uma interpretação alternativa das chamadas "raízes aéreas". **Anais da Academia Brasileira de Ciências**, v. 78, n. 2, p. 213-226, 2006.

MOCHEL, F. R. **Mangueando**: brincando e aprendendo com o manguezal. São Luís-MA: CERMANGUE, 2012.

OLMOS, F.; SILVA, R.S. **Guará, ambiente, flora e fauna dos manguezais de Santos-Cubatão, Brasil**. São Paulo: Empresa das Artes, 2003.

ROSSI, M.; MATTOS, I. F. A. Solos de mangue do estado de São Paulo: caracterização química e física. **Revista do Departamento de Geografia**, n. 15, p. 101-113, 2002.

SCHAEFFER-NOVELLI, Y.; COELHO-JUNIOR, C.; TOGNELLA-DE-ROSA, M. **Manguezais**. São Paulo: Ática, 2001.

SCHAEFFER-NOVELLI, Y. **Manguezal**: ecossistema entre a terra e o mar. São Paulo: Caribbean Ecological Research, 1995. 64p.

SCHAEFFER-NOVELLI, Y; CINTRÓN, G. **Guia para estudo de áreas de manguezal**: estrutura, função e flora. São Paulo: Caribbean Ecological Research, 1986. 150p.

SOBRE A AUTORA

R. N. Fortes Carvalho Neta (1975) nasceu em São Luís-MA, Brasil. É bióloga (com doutorado em Biotecnologia) e professora de Arte (licenciada em Educação Artística – Artes Plásticas). Escreve textos científicos em periódicos internacionais e livros que relacionam Ciência e Arte, tendo sido premiada em concursos literários. Em suas aulas de Biologia na Universidade, apresenta os conteúdos de Zoologia e Ecologia a partir de obras que unem Ciência e Arte. É professora universitária e orienta em cursos de mestrado e doutorado com temáticas diversas ligadas à Ecologia de ambientes aquáticos, especialmente sobre a fauna de manguezais.

9 786500 054521